Vehículos al rescate

Los aviones contraincendios

por Bizzy Harris

Bullfrog en español

Ideas para padres y maestros

Bullfrog Books permite a los niños practicar la lectura de textos informativos desde el nivel principiante. Las repeticiones, palabras conocidas y descripciones en las imágenes ayudan a los lectores principiantes.

Antes de leer

- Hablen acerca de las fotografías. ¿Qué representan para ellos?

- Consulten juntos el glosario de las fotografías. Lean las palabras y hablen de ellas.

Durante la lectura

- Hojeen el libro y observen las fotografías. Deje que el niño haga preguntas. Muestre las descripciones en las imágenes.

- Léale el libro al niño o deje que él o ella lo lea independientemente.

Después de leer

- Anime al niño para que piense más. Pregúntele: ¿Sabías acerca de los aviones contraincendios antes de leer este libro? ¿Qué más te gustaría aprender sobre ellos?

Bullfrog Books are published by Jump!
5357 Penn Avenue South
Minneapolis, MN 55419
www.jumplibrary.com

Library of Congress Cataloging-in-Publication Data

Names: Harris, Bizzy, author.
Title: Los aviones contraincendios / por Bizzy Harris.
Other titles: Firefighting planes. Spanish
Description: [Minneapolis]: Jump!, Inc., [2022]
Series: Vehículos al rescate | Includes index.
Audience: Ages 5–8 | Audience: Grades K–1
Identifiers: LCCN 2020055084 (print)
LCCN 2020055085 (ebook)
ISBN 9781636901770 (hardcover)
ISBN 9781636901787 (paperback)
ISBN 9781636901794 (ebook)
Subjects: LCSH: Airtankers (Forest fire control)—Juvenile literature.
Classification: LCC SD421.43 .H3718 2021 (print)
LCC SD421.43 (ebook) | DDC 628.9/25—dc23

Editor: Jenna Gleisner
Designer: Molly Ballanger
Translator: Annette Granat

Photo Credits: supergenijalac/Shutterstock, cover; Roberto Chiartano/Shutterstock, 1; aapsky/Shutterstock, 3; Mindscape studio/Shutterstock, 4; Filip Miletic/Shutterstock, 5; Bill Morson/Shutterstock, 6–7, 10, 23bl; Don Kelsen/Getty, 7; Gunnar Kullenberg/SuperStock, 8–9; Kevork Djansezian/Getty, 11, 23br; Sarah Jessup/Shutterstock, 12–13, 23tr; Georgios Kostom/Shutterstock, 14–15, 23tl; xbrchx/Shutterstock, 16; Diarmuid Curran/iStock, 17; ROUX Olivier/Sagaphoto.com/Alamy, 18–19, 23bm; Nikirov/Dreamstime, 20–21; Ryan Fletcher/Shutterstock, 22; Potapov Alexander/Shutterstock, 23tm; Andy Dean Photography/Shutterstock, 24.

Printed in the United States of America at Corporate Graphics in North Mankato, Minnesota.

Tabla de contenido

¡Oh, no!

Hay un incendio forestal.

¡Vrum!
Los aviones pueden ayudar.

tanque
de agua

¿Cómo?

Este avión transporta agua.

manguera
de agua

¿Cuánta agua contiene?

Contiene 11,000 galones
(41,600 litros).

¡Guau!

agua

Los pilotos pilotean los aviones.

piloto

Ellos ven el incendio desde arriba.

Viran el avión hacia él.

Algunos aviones transportan a bomberos.

Ellos usan paracaídas.

Saltan.

paracaídas

Aterrizan en la tierra.
¡Ellos luchan contra
el incendio!

Este avión vuela
hacia un lago.

¿Por qué?

Saca agua.

Él deja caer el agua
sobre el incendio.

¡Guau!

Este avión tira un retardante de llama.

Este es rojo.

Él no deja que las llamas se extiendan.

retardante
de llama

¡El incendio se apagó!

¡Ahora ya no hay peligro!

Las partes de un avión contraincendios

¡Échales un vistazo a las partes de un avión contraincendios!

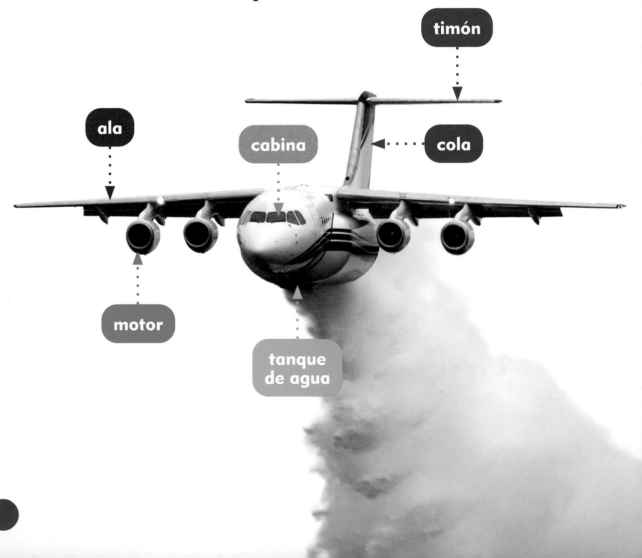

timón

ala

cabina

cola

motor

tanque
de agua

Glosario de fotografías

bomberos
Gente entrenada para apagar los incendios.

llamas
Los gases brillantes que se ven en un incendio.

paracaídas
Equipo que ayuda a la gente a que aterrice de manera segura.

pilotos
Gente entrenada para pilotear aviones.

retardante de llama
Una sustancia que disminuye o no deja que un incendio se extienda.

virar
Hacer que un vehículo se mueva en una dirección particular.

Índice

Para aprender más

Aprender más es tan fácil como contar de 1 a 3.

❶ Visita www.factsurfer.com

❷ Escribe "losavionescontraincendios" en la caja de búsqueda.

❸ Elige tu libro para ver una lista de sitios web.